EXPOSÉ

DES

DIFFÉRENTES PRÉDICTIONS

SUR L'AVÈNEMENT

DU PONTIFE SAINT

COURONNÉ PAR LES ANGES,

ET

DU MONARQUE FORT

AUXILIUM DEI, LILIFER,

SECOURS DE DIEU, DIEUDONNÉ, PORTEUR DES LIS.

Dédié aux Chrétiens de tous les pays,

PAR DEMONVILLE.

Qui habitat in cœlis irridebit eos : et Dominus subsannabit eos.

Le Seigneur livrera les impies à l'esprit de vertige, et il se rira d'eux au passage de leur triomphe.

PSALM. II, 4.

Paris,

DEMONVILLE, IMPRIMEUR-LIBRAIRE,

RUE CHRISTINE, N° 2.

—

1832.

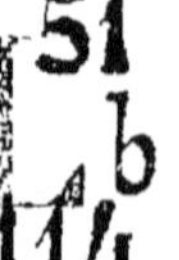

EXPOSÉ

DES

DIFFÉRENTES PRÉDICTIONS

SUR L'AVÈNEMENT

DU PONTIFE SAINT ET DU MONARQUE FORT.

IMPRIMERIE DE DEMONVILLE,
rue Christine, n° 2

EXPOSÉ

DES

DIFFÉRENTES PRÉDICTIONS

SUR L'AVÈNEMENT

DU PONTIFE SAINT

COURONNÉ PAR LES ANGES,

—

ET

DU MONARQUE FORT

AUXILIUM DEI, LILIFER,

SECOURS DE DIEU, DIEUDONNÉ, PORTEUR DES LIS.

Dédié aux Chrétiens de tous les pays,

PAR DEMONVILLE.

Qui habitat in cœlis irridebit eos : et Dominus subsannabit eos.

Le Seigneur livrera les impies à l'esprit de vertige, et il se rira d'eux au passage de leur triomphe.

PSALM. II, 4.

Paris,

DEMONVILLE, IMPRIMEUR-LIBRAIRE,

RUE CHRISTINE, N° 2.

—

1832.

EXPOSÉ

DES

DIFFÉRENTES PRÉDICTIONS

SUR L'AVÈNEMENT DU PONTIFE SAINT
ET DU MONARQUE FORT.

—————

Des Prédictions que l'Eglise n'a point sanctionnées méritent-elles de fixer l'attention des Chrétiens? Doit-on d'ailleurs, pour un certain temps, attendre de nouvelles Prophéties, ou, pour parler plus exactement, des Prédictions dont on ne pourra reconnoître le véritable caractère tant qu'elles ne se trouveront pas justifiées par les évènemens? Telles sont les premières questions qui se présentent.

Le texte de l'Apocalypse peut aider à les résoudre. Il est impossible de ne pas prendre pour des Prophètes ces Anges qui sonnent de la trompette, ces deux témoins qui prophétiseront dans le sac et la cendre; et c'est assurément la promesse d'une Prophétie qui avertira l'Eglise de maux prochains, que le verset 13, chap. VIII :

« Alors je vis et j'entendis la voix d'un
« Aigle *qui voloit par le milieu du Ciel*, et
« qui disoit à haute voix : Malheur! mal-
« heur! malheur aux habitans de la terre, à
« cause du son des trompettes dont les trois
« autres Anges doivent sonner! »

Ne reconnoissons-nous pas pareillement le portrait d'un grand Prophète dans les versets 5, 6, 7, chap. X.

« Alors l'Ange que j'avois vu qui se tenoit
« debout sur la terre et sur la mer, leva la
« main au ciel, et jura par celui qui vit dans
« les siècles des siècles, qui a créé le ciel
« et tout ce qui est dans le ciel, la terre et
« tout ce qui est dans la terre, la mer et
« tout ce qui est dans la mer, qu'il n'y au-
« roit plus de temps; mais qu'aux jours où
« le septième Ange feroit entendre sa voix
« et sonneroit de la trompette, le mystère
« de Dieu s'accompliroit, ainsi qu'il l'a an-
« noncé par les Prophètes, ses serviteurs. »

On revoit ces deux mêmes Prophètes, chap. XIV, versets 6, 7, 8.

« Je vis un autre Ange *qui voloit par le*

« *milieu du ciel*, portant l'Evangile éternel,
« pour l'annoncer à ceux qui sont sur la
« terre, à toutes nations, à toutes tribus,
« à toutes langues et à tous peuples; qui
« disoit à haute voix : Craignez le Seigneur
« et rendez-lui gloire, parce que l'heure de
« son jugement est venue ; et adorez celui
« qui a fait le ciel et la terre, la mer et les
« sources des eaux. »

« Et un autre Ange suivit, qui dit ces pa-
« roles : Babylone est tombée, elle est tom-
« bée cette grande ville qui a fait boire à
« toutes les nations le vin de sa prostitu-
« tion qui a irrité Dieu. »

Ainsi Jésus-Christ promet à son Eglise,
pour toutes ses diverses époques d'épreuves,
de lui envoyer des Consolateurs, des Prophètes afin de la fortifier ou la guider; et les
Prédictions de Saint Malachie, Saint Césaire,
Holzhauser, Innocent XI, prouvent qu'en
aucun temps il ne l'a abandonnée.

La Prédiction de *Jean de Vatiguerro*,
connue sous le nom de Saint Césaire, nous
annonce même qu'à une certaine époque le
don de Prophétie sera répandu avec plus
d'abondance sur la terre.

« L'Aigle volera par le monde et se sou-
« mettra plusieurs nations ; il sera couronné
« de trois couronnes en signe de victoire
« et de vertu. Ensuite il entrera dans son
« nid, et il n'en sortira que pour s'élever
« glorieusement vers le ciel. Ses petits com-
« battront tour à tour, et s'enlèveront leur
« proie l'un-l'autre (1). »

Je sais qu'on a voulu appliquer ce passage à Bonaparte. On verra plus tard qu'il
regarde *le Pontife Saint*, *l'Aigle qui vole
par le milieu du ciel*, portant *l'Evangile
éternel*, ou *l'Ange qui se tient debout sur la
terre et sur la mer*, que je viens de citer.
Il est bon de remarquer que les combats des
aiglons ou des petits Prophètes qui s'enlè-
vent leur proie, ne doivent pas s'entendre
de guerres entre eux. Il s'agit de spoliation
spirituelle, mystique.

---

(1) *Aquila volabit per mundum et subjiciet
sibi multas nationes : tribus coronis in signum
victoriæ et virtutis coronabitur, sed posteà ni-
dum suum intrabit nec se evolabit de eo, donec
cœlum transcendat gloriosè. Pulli sui ad invi-
cem prœliabuntur, et prœdâ suâ alter alterum
spoliabit.*

Mais sommes-nous arrivés au temps où l'esprit de Prophétie se répandra plus particulièrement sur la terre? Ouvrons l'Apocalypse : nous voyons, chap. IX, verset 11, que ce Roi, l'Ange de l'abîme, appelé en hébreu Abaddon, en grec *Apollyon*, c'est-à-dire l'exterminateur, ce cavalier annoncé à l'ouverture du second sceau, qui reçoit une grande épée et le pouvoir d'ôter la paix de dessus la terre, et de faire que les hommes s'entre-tuent, *Napoléon*, en un mot, nous place aux jours des deux Prophètes de l'Apocalypse; l'Aigle criant : Malheur ! malheur ! malheur ! verset 13, chap. VIII, et l'Ange qui se tient debout sur la terre et sur la mer, verset 5, chap. X.

Cette époque vient d'être malheureusement précisée par l'invasion du fléau *euphratique* ou asiatique qui décime l'Europe, le *choléra - morbus* dont il faut bien reconnoître la menace dans le §. 2 du chap. IX.

SIXIÈME TROMPETTE. *Armée de Chevaux à têtes de lion et queues de serpent.*

« 13. Le sixième Ange sonna de la trom-
« pette, et j'entendis une voix qui sortoit

« des quatre coins de l'autel d'or, qui est
« devant Dieu.

« 14. Qui dit au sixième Ange qui avoit la
« trompette : Déliez les quatre Anges qui
« sont liés *sur le grand fleuve d'Euphrate.*

« 15. Et il délia ces quatre Anges qui
« étoient prêts pour l'heure, le jour, le mois
« et l'année où ils devoient tuer la troisième
« partie des hommes.

« 16. Et le nombre de ces armées de ca-
« valerie étoit de deux cents millions, car
« j'en ouïs dire le nombre.

« 17. Je vis aussi les chevaux dans la vi-
« sion, et ceux qui étoient dessus avoient
« des cuirasses comme de feu, d'hyacinthe et
« de soufre ; et les têtes des chevaux étoient
« comme des têtes de lions, et il sortoit de
« leur bouche du feu, de la fumée et du
« soufre.

« 18. Et par ces trois plaies, c'est-à-dire par
« le feu, la fumée et par le soufre qui sor-
« toient de leur bouche, la troisième partie
« des hommes fut tuée.

« 19. Car la puissance de ces chevaux est
« dans leurs bouches et dans leurs queues ,
« parce que leurs queues sont semblables à

« celles des serpens, et qu'elles ont des têtes
« dont elles blessent. »

On a cru que le développement du choléra-morbus étoit dû à de petits insectes
imperceptibles apportés par l'air : que ces
insectes soient ou non figurés par ces armées de cavalerie, ce que les naturalistes
peuvent nous dire, s'ils les découvrent, toujours est-il que l'invasion du choléra-morbus
est assez fortement tracée par cette plaie de
feu, de fumée et de soufre, qui, semblable
à une charge de cavalerie, laisse intact ce
qui se trouve sur sa droite ou sa gauche, afin
que son choc soit plus rapide et plus affreux
là où elle veut particulièrement frapper, et
se disperse ensuite pour porter le ravage de
côté et d'autre. Je conviens cependant que
le fléau n'est pas aussi terrible que la menace. L'Apocalypse est à la fois l'histoire
générale de tous les temps, et d'une manière
plus précise l'histoire particulière de la fin
du monde. Sous ce dernier point de vue,
ses figures doivent être prises à la lettre,
mais comme histoire générale elles sont un
peu forcées : c'est un tableau qui doit res-
sortir de toute la vivacité de ses couleurs à

la dernière exposition, et qui pour les premières doit pâlir jusqu'à l'esquisse.

De ce qu'il doit y avoir des Prophéties,
il ne s'ensuit pas qu'on doive accueillir
inconsidérément celles qui se présentent.
Mais toute prédiction dont partie se trouve
réalisée par des évènemens postérieurs à sa
date, ou qui étant d'un personnage véné-
rable, concorde avec des Prophéties ou des
Prédictions authentiques déjà vérifiées par-
tiellement, mérite sans doute, sinon confiance entière, du moins l'attention la plus
sérieuse de l'Eglise.

Rien de plus authentique et de plus digne
de respect, que l'ouvrage latin du véné-
rable Holzhauser, curé de Bingen, mort en
1658, imprimé à Bamberg en 1784. Il ap-
pelle le Grand Monarque tantôt *Auxilium
Dei*, Secours de Dieu, tantôt *Lilifer*, Porteur des lis. Voici l'extrait de ses *Commen-
taires sur l'Apocalypse*, tel que je le trouve
dans le *Recueil des Prédictions* publié par
M. Bricon (1).

---

(1) Librairie catholique d'Edouard Bricon, rue du
Vieux-Colombier, n° 17.

« Holzhauser divise le temps et la durée de l'Eglise depuis Jésus-Christ jusqu'à la fin du monde en sept âges ou états différens; c'est ce qui nous est représenté, selon lui, par les églises d'Asie et les sept chandeliers d'or dont parle l'Apocalypse, comme aussi par les sept jours de la création, par les sept âges du monde, et enfin par les sept dons du Saint-Esprit.

« Le premier état de l'Eglise commença du temps de Jésus-Christ et des Apôtres, et dura jusqu'à la persécution de l'empereur Néron, sous le pontificat de Saint Lin, pape.

« Le deuxième état de l'Eglise qui date depuis Saint Lin et depuis Néron, s'étend jusqu'au pontificat de Saint Silvestre et au règne de Constantin-le-Grand.

« La durée du troisième état de l'Eglise fut depuis Saint Silvestre et Constantin jusqu'au pontificat de Léon III et au règne de Charlemagne, empereur, mort âgé de 72 ans, l'an 14ᵉ de son empire.

« Le quatrième état de l'Eglise a commencé par le règne de Charlemagne et le pontificat de Léon III, et dura jusqu'au règne de Charles-Quint, empereur, mort en 1519, et au pontificat de Léon X, pape.

« Le cinquième état de l'Eglise, qui a commencé sous Léon X et Charles-Quint, vers l'an 1520, durera jusqu'au règne du *Pontife Saint* et du *Monarque Fort*. Celui-ci s'appellera *le Secours de Dieu*, parce qu'il sera choisi et suscité de Dieu pour rétablir l'ordre partout : le cinquième état de l'Eglise est pour l'Eglise un temps d'affliction, de désolation, d'humiliation et d'extrême pauvreté où le Seigneur purifiera son froment, c'est-à-dire ses états par les guerres les plus meurtrières, par les séditions, par la famine, par la peste et par d'autres maux les plus affreux ; en affligeant l'Eglise latine ou en l'appauvrissant par le moyen des hérésies et des mauvais chrétiens, qui lui enlèveront une infinité d'évêchés, de monastères, d'abbayes, etc. Le cinquième état de l'Eglise est un état d'affliction, d'apostasie et de toutes les calamités possibles ; les royaumes se feront mutuellement la guerre, les principautés et les monarchies seront renversées, et la désolation sera à son comble ; le monde sera rempli d'hommes charnels, de misérables qui ne soupireront qu'après une pleine liberté de conscience et de religion ; les préceptes divins et humains seront impunément violés, les canons de l'Eglise et toutes les règles foulées aux pieds.

« Mais si dans ce cinquième état nous voyons partout les plus grandes calamités, les royaumes et les empires dévastés ; les catholiques opprimés, etc., tout-à-coup néanmoins *il s'opérera par*

la main du Tout-Puissant, un changement ad-
mirable que personne n'aura pu imaginer.

« Vers la fin du cinquième état de l'Eglise,
lorsque plusieurs abjureront la foi, que le démon
paraîtra partout déchaîné, et que la plus grande tribulation règnera sur toute la terre, que les ministres
attachés à la religion et à leur devoir seront mé-
prisés, regardés comme les derniers des hommes,
Dieu aura enfin égard à leur patience, à leur fer-
meté et à leur persévérance, et les récompen-
sera dans le sixième état de l'Eglise, par la consolation qu'ils auront de travailler avec fruit à la
conversion des pécheurs et des hérétiques.

« Le sixième état de l'Eglise sera un état de
consolation, un état florissant pour la religion; il
commencera par le règne du *Monarque Fort* et du
Pontife Saint, et durera jusqu'à la naissance de
l'Antechrist. En ce temps là, Dieu consolera son
Eglise, et lui fera ainsi oublier les maux qu'elle
aura soufferts dans le cinquième état.

« Toutes les nations infidèles retourneront à
l'unité de la foi orthodoxe; le Clergé se rendra
singulièrement recommandable par la pureté de
ses mœurs et la régularité de sa conduite. Les
fidèles chercheront avec le plus grand soin le
royaume de Dieu et sa justice....... » etc., etc.

Cette division d'Holzhauser n'est pas unanimement adoptée. Plusieurs personnes pensent que le règne du *Monarque Fort* et du *Pontife Saint* doit faire partie du cinquième âge ; mais peu importe.

Un manuscrit de la bibliothèque des RR. PP. Bénédictins de l'abbaye Saint-Germain-des-Prés, contient une Prédiction faite par Jérôme Botin, de Cahors (homme recommandable par sa science, sa piété et sa sainteté, mort le 10 juillet 1420, âgé de soixante-deux ans, porte le nécrologe de l'abbaye). Cette Prophétie est le résumé historique du cinquième âge de l'Eglise, et dépeint encore d'une manière très-reconnaissable le *Monarque Fort* et le *Pontife Saint*.

« Au nom du Seigneur qui a créé toutes choses, voici les paroles que l'Esprit a dictées à Jérôme, serviteur du Seigneur, écrites au monastère de Saint-Germain, à Paris.

« L'an mil quatre cent dix de la conception, le souverain pontife, Jean XXIII, gouvernant l'Eglise de Dieu sous le règne de Charles VI, et voici ce que l'Esprit lui a dicté.

« Malheur aux peuples, aux princes et aux rois qui gouvernent les peuples, parce qu'il viendra des temps de deuil et de chagrin ; le vent de la tribulation divisera et dispersera les hommes, et la terre sera couverte du sang des clercs, des nobles et du peuple. Malheur à ceux qui portent le glaive, parce que leurs épées seront teintes de leur sang..... Les temps où ces choses viendront ne sont pas éloignés a dit l'Esprit. Un siècle s'écoulera, et l'héritage du Seigneur sera divisé(1); et à cause de cet héritage, les princes combattront contre les princes, les peuples contre les peuples ; et l'intérêt, sous le masque de la réforme, tentera de tout renverser ; et après un autre siècle, l'héritage du Seigneur sera sauvé, parce que sa main est au-dessus de la main du plus puissant ; c'est ce que m'inspire l'Esprit.

« Malheur à la mer, malheur à la terre et à ceux qui l'habitent maintenant et pour ces siècles ; malheur aux Gaulois et aux habitans des îles (2), parce que l'héritage du Seigneur s'éloignera d'eux, et il y aura chez eux de grands gémissemens pour le reste de cet héritage, a dit l'Esprit.

« Après un autre siècle ou à peu près, l'héritage du Seigneur ne sera plus divivé, du moins pour les Gaulois ; il règnera sur eux un prince du-

(1) La réforme de Luther.
(2) La réforme d'Angleterre.

quel il est écrit (1) : Arme-toi de ton épée, et la mets à ton côté. Prince très-puissant, il réunira les rois, les princes et les peuples ; il gouvernera avec sagesse et puissance : c'est ce que dit l'Esprit. Son règne très-long sera un règne de justice et de force ; il sera en grande vénération, et sa mémoire sera florissante.

« Et après un autre siècle, les princes de la terre et tous les peuples trembleront de fureur (2) ; et ce temps sera un temps de désespoir et d'iniquité, et on trouvera à peine un seul homme qui fasse le bien. C'est ce que le Seigneur m'inspire d'annoncer, alors il règnera un prince (3), l'oint du Seigneur, homme doué de vertus, de douceur ; et les ouvriers d'iniquité mettront sa tête à prix, épuiseront contre lui leur malice, le réduiront en captivité, et sa fin sera plus malheureuse que le commencement, a dit l'Esprit.

« Après avoir mis en captivité lui et les siens, les princes et les grands seront traînés à leur perte, et il y aura un grand deuil dans l'Église du Seigneur : il ne demeurera pas pierre sur pierre, les autels, les temples seront détruits, les vierges consacrées au Seigneur seront outragées : ces

_____

(1) Louis XIV.
(2) La révolution de France.
(3) Louis XVI.

hommes d'iniquités s'enivreront de folie, car ils auront des signes à leur tête et sur leurs édifices, a dit l'Esprit.

« Malheur aux princes et aux grands, parce que leur pouvoir sera détruit ; malheur aux peuples, parce que leurs mains seront teintes de sang ; malheur à ceux qui les gouvernent, parce qu'ils marcheront dans les sentiers d'iniquités, et qu'ils auront été enivrés du sang d'un roi innocent, des grands et du peuple, et que leur domination sera une domination de perversité, et leur règne un règne d'abomination, et que dans peu ils seront écrasés et périront, c'est ce que dit l'Esprit.

« Malheur aux princes et aux grands, malheur au peuple, parce que son Roi sera immolé comme une brebis, ses proches seront tués ; d'autres seront dispersés, et ceux qui auront fait ces choses diront, *amen*.

« Oui, malheur, mille fois malheur au peuple qui s'est révolté contre l'autorité et qui a renversé les lois, il a arraché de la prospérité jusqu'à la racine, il a brisé ses lis, l'aigle planera sur lui, il ravira et détruira sa proie, a dit l'Esprit : la terre sera couverte du sang de ses habitans.

« Ses enfans armés du glaive périront par l'épée, et ces maux innombrables, dit le Seigneur, n'apaiseront point encore ma colère ; mon bras sera levé sur lui ; il sera frappé de la verge de ma justice et du bâton de ma fureur; et la main (1) qui l'opprimera sera l'instrument de ma colère sur lui et sur les nations. C'est ce que dit l'Esprit.

« Mais après que quatre siècles (2) seront plus qu'écoulés, les autels de Belzébuth seront détruits. Les ouvriers d'iniquités seront détruits et périront. La rosée du ciel descendra sur la terre désolée et sur l'Eglise éplorée, et il y aura un enfant du sang du roi que donneront les gens d'Artois; il gouvernera avec prudence et honneur la France, et l'esprit du Seigneur sera avec lui (3), c'est ce qu'a dit l'Esprit.

« Avant la fin du 18ᵉ siècle, les ministres des autels pleureront et souffriront persécution pour la justice, le pasteur sera frappé et le troupeau dispersé; ce ne sera qu'après ce siècle qu'il y aura un autre pasteur qui conduira les peuples dans l'équité et les rois dans la justice; il sera honoré des princes et des peuples (4). Mais avant qu'il ait établi son empire, que celui qui n'a point fléchi

---

(1) Bonaparte.

(2) A partir du commencement de la Prophétie.

(3) Le Monarque Fort.

(4) Le Prophète, après être revenu en arrière pour parler de la première persécution de l'Eglise, retourne à la seconde qui doit cesser à l'avènement du *Pontife Saint*.

devant Baal, fuie du milieu de Babylone, dit l'Esprit.

« Que chacun ne pense qu'à sauver sa vie, parce que voici le temps où le Seigneur doit, par la grandeur de ses vengeances, montrer la grandeur des crimes dont elle est souillée. Il va faire retomber sur elle les maux dont elle a accablé les autres.

« Le Seigneur a présenté par la main de cette ville impie, désolatrice des peuples, meurtrière de ses prêtres, de ses rois et de ses propres enfans, le calice de ses vengeances à tous les peuples de la terre. Toutes les nations ont bu du vin de sa fureur. Elles ont souffert toutes les agitations de sa captivité et de sa barbarie. Mais en un moment Babylone est tombée, et elle s'est brisée dans sa chute, a dit l'Esprit.

« Tout ceci arrivera pour épurer les bons et perdre les méchans, faire honorer l'Eglise de Dieu, faire craindre et servir le Seigneur.

« Telles sont les paroles que l'Esprit a manifestées à son serviteur Jérôme, qu'il a écrites d'après ses ordres, et dont la vérité sera reconnue dans le temps. » *Ainsi soit-il.*

Nous allons trouver également la promesse du *Monarque Fort* et du *Pontife Saint* dans la Prédiction de Philippe-Dieudonné-Noël Olivarius, imprimée en 1542, trouvée dans la bibliothèque d'un couvent de Bénédictins. Elle était connue de Bonaparte, qui vit avec douleur que ce trône qu'il avait relevé retourneroit *au vieil sang de la Cape, aux descendans des Capets.*

« La Gaule Itale verra naître non loin de son sein un être surnaturel : cet homme sortira tout jeune de la mer, viendra prendre langue et mœurs chez les Celtes-Gaulois, s'ouvrira encore jeune, à travers mille obstacles, chez les soldats, un chemin, et deviendra leur premier chef. Ce chemin sinueux lui baillera force peines, s'en viendra guerroyer près de son natal pays par un lustre et plus. — Outre mer sera vu guerroyant avec grande gloire et valeur, et guerroyera de nouveau *l'Italie.* — Donnera des lois aux Germains, pacifiera troubles et terreurs aux Gaulois-Celtes, et sera nommé ainsi non Roi, mais peu après appelé *Imperator* par grand enthousiasme populaire ; bataillera partout dans l'Empire ; déchassera Princes, Seigneurs, Rois par deux lustres et plus. Puis élèvera de nouveaux Princes et Seigneurs à vie, et parlant sur son estrade, criera : Peuples, *O Sidera! O Sacra!* Sera vu avec une armée forte de quarante-neuf fois vingt mille hommes piétons armés, qui porteront armes à cornets de fer. Il aura sept fois, sept fois, sept mille chevaux montés d'hommes qui porteront plus que les premiers grande épée ou lance et corps d'airain. Il aura sept fois, sept fois, deux mille hommes qui feront jouer machines terribles, vomiront et soufre et feu et mort. La toute suppute de son armée sera de quarante-neuf fois vingt mille. Portera en dextre main un Aigle, signe de la victoire à guerroyer. Donnera maints pays aux nations, et à chacun paix. S'en viendra dans la grande ville, ordonnant force grandes choses : Edifices, ponts, ports de mer, aqueducs, canaux ; fera à lui tout seul, par grandes richesses, autant que tous Romains, et tous dans les dominations des *Gaules*.

« Aura femme par deux, et fils un seul. S'en ira guerroyant jusqu'où se croisent les lignes longitude et latitude, cinquante-cinq mois. Là ses ennemis brûleront par feu la grande ville, et lui, y entrera et sortira avec siens de dessous cendres. Force ruines, et les siens, n'ayant plus ni pain, ni eau, par grandissime froidure qui seront si malencontrés que les deux tierces parties de son armée périront, et, en plus, par demie, l'autre, lui n'étant plus dans sa domination.

« Lors le plus grand homme, abandonné, trahi par les siens amis, pourchassé à son tour par grande perte jusque dans sa grande ville, et déchassé par grande population européenne, à la sienne place seront mis *les Rois du vieil sang de la Cape.* Lui contraint à l'exil dans la mer dont est venu si jeune et proche de son natal lieu, y demeurant par onze lunes avec quelques-uns des siens, vrais amis et soldats qui, n'étant plus que sept fois, sept fois, sept fois, deux fois de nombre, aussitôt les onze lunes parachevées, lui et les siens prendre navire et venir mettre pied sur terre Celte-Gauloise. Et lui cheminer vers la grande ville où s'être assis le Roi du vieil sang de la Cape, qui se lève, fuit, emportant avec lui ornemens royaux, pose chose en son ancienne domination, donne au peuple force lois admirables. Ains déchassé de nouveau par trinité population européenne, après trois lunes et tiers de lune, est remis à sienne place le sang du vieil Roi de la Cape, et lui cru mort par ses peuples soldats qui, dans ce temps, garderont pénates contre leurs cœurs.

« Les peuples et les Gaulois, comme tigres et loups, s'entre-dévorcront. Le sang du vieil Roi de la Cape, sera le jouet de noires trahisons. Les malencontreux seront élevés et par fer et par feu seront occis. *Le lis maintenu;* mais les derniers rameaux du vieil sang seront encore menacés. Ains guerroyeront entre eux.

« Lors un jeune guerrier cheminera vers la

grande ville, il portera lion et coq sur son ar-
mure. Ains la lance lui sera donnée par grand prince
d'Orient. Il sera secondé merveilleusement par
peuple guerrier de la Gaule-Belgique, qui se réu-
niront aux Parisiens, pour trancher troubles et
ruiner soldats, et les couvrir tous de rameaux d'o-
liviers. Guerroyant encore avec tant de gloire, sept
fois, sept lunes, que trinité population européenne, par grande crainte et cris et pleurs, of-
frent leurs fils et épouses en ôtages, et ploient
sous les lois saines et justes et aimées de tous. Ains
paix durant vingt-cinq lunes. Dans *Lutetia*, la Seine
rougie par sang, suite de combat à outrance,
étendra son lit par ruine et mortalité, séditions
nouvelles de malencontreux *Maillotains*. Ains seront pourchassés du palais des Rois, par l'homme
valeureux, et, peu après, les immenses Gaules,
déclarées par toutes les nations grande et mère nation. Et lui sauvant les restes échappés du vieil
sang de la Cape, règle les destinées du monde,
dictant conseil souverain de toute nation et de tout
peuple, pose base de fruit sans fin, et meurt.

Certes, voilà le *Monarque Fort* dépeint
et annoncé bien clairement. Nous allons le
voir aussi fortement dessiné vers la fin de
la prédiction de Jean de Vatiguerro; nous
ne la prendrons qu'à partir du passage cité

plus haut (1), et nous supprimerons les dates fixées par lui, 1° parce qu'il n'a pas fait connoître sa manière de les supputer; 2° parce qu'il ne les précise pas, puisqu'il ajoute toujours *vel ultrà*, ou plus tard; 3° parce qu'il est probable qu'elles auront passé de la marge dans le texte, ou que quelque copiste les aura changées, pour faire cadrer la Prophétie avec les évènemens de son temps. Car en supposant même que l'auteur eût voulu dater de l'ère de Dioclétien ou des martyrs, ce qui forceroit d'ajouter 284 à chaque date indiquée, ces dates ne concorderoient ni avec la première révolution de 1790, ni avec les évènemens présens, auxquels elle paroît s'appliquer. Il commence en effet par dire que, depuis l'année 1490 jusqu'à celle 1525, il arrivera dans le monde beaucoup de maux si affreux qu'il n'y en eut jamais de si grands depuis le commencement du monde; et aussitôt après, il fixe l'année 1502 pour le commencement de toutes les douleurs : « Car en cette « année une mortalité, une peste ravagera

____

(1) L'Aigle volera, page 4.

« et affligera tout l'univers d'une manière
« étonnante, parcourant tantôt un pays,
« tantôt un autre (1). »

« Alors, dans l'Occident, les maux et les douleurs commenceront à redoubler, parce qu'il écla-
tera une horrible sédition à cause d'un *Roi des
Français* prisonnier (2). Presque la majeure partie de l'Occident sera détruite par les ennemis :
c'est pourquoi il y aura en plusieurs lieux des tremblemens de terre extraordinaires et violens, et la
gloire des Français sera changée en opprobre et en
confusion ; car le lis sera privé et dépouillé de sa
noble couronne, et on la donnera à un autre au-
quel elle n'appartient pas, et il sera humilié jusqu'à la confusion (3); et plusieurs diront : La paix !

---

(1) Comme semble agir le *choléra-morbus*.

(2) Le Roi actuel des Français n'a-t-il pas à craindre
que ce passage ne le concerne ? Et une fois détrôné
par les Républicains (car, quoique l'on se plaise à
rejeter les séditions sur les Carlistes, on sait bien que
les Carlistes ne bougent pas, parce que les Carlistes
savent parfaitement que c'est Dieu seul qui de sa toute-
puissance rendra le trône à qui il appartient), une fois
détrôné, quel sera son sort ? Louis XVI n'avait pas
mis la ville de Paris en état de siége !

(3) Ceci paroît plutôt concerner le successeur de
Charles X que Napoléon qui n'a point été humilié

la paix! la paix! et il n'y aura point de paix; et alors paroîtront à découvert des séditions judiciaires, des conspirations, des confédérations inouies de cités plébéiennes; et il y aura dans le monde une si grande désunion, que personne, en aucune manière, ne sauroit s'en faire une idée.

« Et le royaume des Français sera envahi de toutes parts, saccagé, et laissé presque détruit et anéanti, parce que les administrateurs de ce royaume seront si aveuglés qu'ils ne pourront trouver un défenseur; et la main et la colère du Seigneur s'apesantiront furieusement sur les Français et contre tous les grands et les puissans de tout ledit royaume. Les cités les plus fortes et les plus puissantes seront prises, et l'on se livrera des batailles. Il *apparoîtra* dans les corps célestes des signes nombreux et frappans qui annonceront les évènemens prédits, et beaucoup d'autres qui doivent les suivre; et comme, par un jugement divin, l'état du monde sera bientôt changé; par un effet de ce jugement, les serviteurs remplis de ruse, d'orgueil et de fureur, se révolteront contre leurs maîtres, et presque tous les nobles seront mis à mort, cruellement chassés et dépouillés de leurs dignités et

---

jusqu'à la confusion : S'il n'est pas mort dans sa puissance, il est mort dans sa gloire qui l'a couvert au moment même de sa chute.

de leurs pensions, parce que le peuple se fera un
roi d'après son caprice, et l'on ne pourra rien obtenir du peuple; au contraire, il y aura une sur-
prenante et cruelle défaite et tuerie de rois, de
ducs et de barons : et toute la terre sera saccagée
et pillée par des brigands et des voleurs qui se mul-
tiplieront et prévaudront; ils ravageront particulièrement tout le pays de France.....

« Plusieurs villes éprouveront des commotions
et feront de nouvelles constitutions, à cause des-
quelles elles s'isoleront et règneront dans leurs li-
mites; mais elles resteront dans la désolation; les
camps les plus fortifiés seront pris, pillés et détruits, et beaucoup de veuves seront privées de
leurs enfans. Qu'un chacun se garde de son voisin;
car les hommes seront victimes de leurs voisins,
qui les dépouilleront par d'affreux brigandages et
les mettront à mort. Personne ne tiendra sa parole;
mais plutôt on se trompera et trahira l'un l'autre;
on ne cherchera plus le bien et l'avantage de l'État;
il n'en sera plus question : ce sera le règne de la
partialité et de l'égoïsme. Alors la vengeance divine s'appesantira généralement et spécialement
sur tous les hommes : elle sera évidente et mani-
feste. Les Turcs et les Albanois détruiront plusieurs
îles chrétiennes. Les Grecs envahiront le royaume
des Latins et le ruineront entièrement. L'Arménie,
la Phrygie, la Dacie et la Norwège seront cruelle-

ment subjuguées par leurs ennemis ; elles seront pillées et dévastées d'une manière cruelle et irréparable. Plusieurs villes et plusieurs forts sur le Pô, le Tibre, le Rhône, le Rhin et la Loire seront renversés par des inondations extraordinaires et par des tremblemens de terre. Les royaumes de Chypre, de Sardaigne, d'Arles, seront affreusement et honteusement dévastés, pillés et presque détruits par la volonté divine. Entre les Aragonois et les Espagnols, il y aura des troubles et une grande division, et ils se feront mutuellement la guerre, et il n'y aura point de paix entre eux jusqu'à ce qu'un de leurs États ne soit entièrement détruit.

« L'Église universelle et le monde entier gémiront de la prise, de la spoliation et de la dévastation de la plus illustre et de la plus fameuse cité, qui est la capitale et la maîtresse de tout le royaume des Français. Toute l'église, dans le monde entier, sera persécutée d'une manière lamentable et douloureuse. Elle sera dépouillée et privée de ses biens temporels ; et il n'y aura si grand personnage dans le clergé qui ne se trouve heureux si la vie lui reste et lui est conservée : car les églises seront souillées et profanées, et tout culte public cessera à cause de la crainte et de l'emportement de la rage la plus furieuse.

Les religieuses, quittant leurs monastères, fuiront çà et là, flétries et outragées. Les pasteurs de l'Église et les prélats chassés et dépouillés de leurs dignités et évêchés seront cruellement maltraités ; les brebis et les sujets prendront la fuite et resteront dispersés sans pasteur et sans chef.

Le Chef suprême de l'Église changera de lieu, et ce sera un bonheur pour lui, ainsi que pour ses frères qui seront avec lui, s'ils trouvent un lieu de refuge où chacun puisse avec les siens manger seulement le pain de la douleur dans cette vallée de larmes : car toute la malice des hommes se tournera contre l'Église catholique, et par le fait elle sera sans défenseur pendant vingt-cinq mois et plus, parce que pendant ledit espace de temps il n'y aura ni Pape ni Empereur à Rome, ni Régent en France.

« Le monde n'estimera que ceux qui seront portés au mal et à la vengeance. Hélas ! les douleurs causées par tous les tyrans, les empereurs et les princes infidèles seront renouvelées par ceux qui persécuteront la sainte Église. En effet, la malice et l'impiété des Huns et la cruelle inhumanité des Vandales ne seront rien en comparaison des nouvelles tribulations, des calamités et des douleurs qui dans peu accableront la sainte Église ; car les autels de la sainte Église seront détruits, les pavés des temples seront profanés, les monastères seront souillés et dépouillés, parce que la main et la colère de Dieu exerceront leur vengeance contre le monde, à cause de la multitude et de l'endurcissement des

2*

pécheurs. Les élémens seront altérés, parce qu'il est nécessaire que tout l'état du siècle soit changé. En effet, la terre saisie de crainte éprouvera en plusieurs lieux des secousses effrayantes et engloutira les vivans; nombre de villes, de forteresses et de châteaux forts s'écrouleront et seront renversés, à cause des tremblemens de terre. Les productions de la terre diminueront; tantôt les plantes manqueront d'humidité, tantôt les semences pourriront dans les champs, et les germes qui s'élèveront ne donneront pas de fruits. La mer mugira et s'élèvera contre le monde, et elle engloutira un nombre considérable de navires. L'air sera infecté et corrompu, à cause de la malice et de l'iniquité des hommes. On verra dans le ciel des signes nombreux et très-surprenans; le soleil sera obscurci, et il paraîtra couleur de sang aux yeux de plusieurs personnes. On verra une fois, pendant environ quatre heures, deux lunes en même temps; auprès d'elles apparoîtront des choses surprenantes et dignes d'admiration. Plusieurs étoiles se choqueront, ce qui sera le signal de la destruction et du massacre de presque tous les hommes. Le cours naturel de l'air sera presque totalement changé et perverti, à cause des maladies pestilentielles. Les hommes aussi bien que les animaux seront frappés de diverses mortalités subites. Il y aura une peste incurable. Il y aura une étonnante et cruelle famine, qui sera si grande et telle par tout l'Univers, et surtout dans les régions de l'Occident, que depuis le commencement du monde jamais on n'a entendu parler d'une semblable.

« La pompe des nobles disparoîtra, la science même et l'enseignement périront, et pendant un court espace de temps l'ordre entier du clergé restera dans l'humiliation. La Lorraine sera dépouillée et plongée dans le deuil, et la Champagne implorera en vain le secours de ses voisins; il ne lui en sera point donné; mais elle sera saccagée, pillée, et elle demeurera douloureusement dans la dévastation. Ce seront l'Irlande, l'Écosse et l'Angleterre qui l'envahiront et la dévasteront. Mais ces provinces seront secourues par *un jeune exilé* (1) *qui recouvrera la couronne des lis, et étendra sa domination sur tout l'Univers.* Une fois bien établi, il détruira les fils de Brutus et leur île; en sorte qu'il n'en sera plus question, et qu'ils demeureront à jamais anéantis. Voilà ce qui concerne les tribu-

---

(1) *Juvenis captivatus,* on l'a traduit ainsi : Prince captif dans sa jeunesse. Si le texte portoit le mot *princeps,* cela pourroit se traduire de cette manière, parce que *captivatus* seroit entièrement lié à *juvenis;* mais *captivatus* devant ici avoir un sens à lui seul, ne peut s'entendre que d'un prisonnier contumace, c'est-à-dire d'un exilé ayant rompu son ban.

lations qui doivent avoir lieu avant le rétablissement de la chrétienté.

« Mais après que l'Univers entier aura été en proie à des tribulations et à des misères si grandes et si nombreuses, pour que les créatures de Dieu ne restent pas entièrement sans espérance, il sera élu par la volonté de Dieu un Pape parmi ceux qui auront échappé aux persécutions de l'Église, et ce sera un homme très-saint et parfait en toute perfection ; *et il sera couronné par les saints anges* (1) et placé sur le Saint-Siége par ses frères qui, avec lui, auront survécu aux persécutions et à la fuite.

« Ce Pape réformera tout l'Univers par sa sainteté, et ramènera à l'ancienne manière de vivre, selon les règles des disciples du Christ, tous les ecclésiastiques ; et tous le respecteront à cause de ses éminentes vertus : il prêchera nu-pieds, et ne craindra pas la puissance des Princes ; aussi il en ramènera plusieurs au Saint-Siége, en les tirant de leurs erreurs et de leur vie criminelle. Il convertira presque tous les infidèles, mais principalement les Juifs.

« Ce Pape aura avec lui un Empereur, homme très-vertueux, qui sera des restes du sang très-saint des Rois des Français. Ce Prince lui sera en

---

(1) Voyez plus haut page 4 : *Il sera couronné de trois couronnes en signe de victoire et de vertu.*

aide, et lui obéira en tout pour réformer l'univers, et sous ce Pape et cet Empereur (1) l'univers sera réformé, parce que la colère de Dieu s'apaisera. Ainsi, il n'y aura plus qu'une loi, une foi, un baptême, une manière de vivre. Tous les hommes auront les mêmes sentimens et s'aimeront les uns les autres, et la paix durera pendant de longues années.

« Mais après que le siècle aura été réformé, il paroîtra de nouveau plusieurs signes dans le ciel, et la malice des hommes se réveillera. Ils retourneront à leurs anciennes impiétés et à leur détestable méchanceté, et leurs crimes seront pires que les premiers. C'est pourquoi Dieu amènera et avancera la fin du monde, et c'est ainsi que tout sera fini. »

Venons maintenant aux Prédictions modernes qui paroissent mériter quelque confiance, soit parce qu'une partie s'en est déjà vérifiée, soit par leur concordance avec les précédentes.

______

(1) Le jeune exilé qui recouvrera la couronne des lis, et étendra sa domination sur tout l'univers, p. 29.

FRAGMENT

D'une Prédiction d'une Religieuse de Belley, faite en 1810 (1).

« .... Alors Dieu détourne sa main de celui qui aura signé ces arrêts injustes (2) ; et le jour de la fête des siens son exil sera décidé. Les méchans triompheront ; la Seine chariera des cadavres ; le sang coulera sur et sous les pierres de la grande ville ; des femmes, des enfans périront. Ceci arrivera avant la fin de juillet 1830.

« Et pendant le mois d'août une branche glorieuse des Bourbons sera coupée ; un Bourbon doit périr ; un autre avant sera élevé.

« Son pied glissera dans le sang. Une tache de sang marque son front et s'étend jusqu'à sa génération.

« Avant la fin de l'année il tremblera ; ceux qui l'auront élevé tressailleront.

« Je vois la faim les poursuivre, et du sang cou-

---

(1) Il est certain que plusieurs copies de ce fragment ont circulé avant la révolution de juillet 1830. (Voir *Prophéties d'une Religieuse de Belley*, etc., publiées par M. de la Marne. Paris, Hivert, quai des Augustins, n° 55.

(2) Expulsion des Jésuites.

ler. Des drapeaux funèbres s'élèvent ; tout est perdu pour eux.

« Ils semblent triompher encore les insensés ; ils se rient de Dieu.

« Les temples sont fermés ; les ministres divins fuient ; le grand sacrifice cesse.

« Malheur ! malheur à la cité corrompue !

« Un nouvel an paroît. Le grand Pontife meurt.

« Ils ne s'entendent plus. Fuyez, enfans de Dieu ! fuyez ! le jour des morts est arrivé !

« Des cris retentissent de toutes parts. Vive la république ! Vive Napoléon ! Vive Henri ! Vive Louis ! Quelle confusion ! Le feu , le sang, la faim, tout l'enfer !

« Malheur ! malheur, trois fois malheur à la cité de sang ! malheur à la cité de l'hérésie ! malheur à la cité du crime !

« Les méchans veulent tout détruire ; leurs livres , leurs doctrines inondent le monde.

« Le jour de la justice est venu. Je vois à l'aspect de celui qu'on a méconnu , le monde fléchir et tomber.

« Une femme l'a sauvé, une femme le suit. Un ministre du Très-Haut le soutient. Ce ministre vient d'être oint de l'huile sainte (1). Dieu les accompagne ; voilà votre Roi.

____

(1) Couronné par les Saints Anges, voy. p. 4 et 3o.

2**

« Il paroît au milieu de la confusion de l'orage. Quel affreux moment ! les bons, les méchans tombent. Babylone est réduite en cendres. Malheur à toi, ville maudite !

« Je vis alors les clefs lumineuses paroître vers le Nord. Un SAINT lève les mains au ciel ; il apaise la colère divine.

« IL MONTE SUR LE TRONE DE SAINT-PIERRE.

« *Le Grand Monarque* monte sur celui de ses pères ; le trône est posé au Midi.

« Tout s'apaise à leurs voix. Les autels se relèvent. La religion renaît, les méchans sont détruits et confondus, les injustices se réparent. Le Grand Monarque de sa main réparatrice a tout sauvé.

« Il ne fait que passer, sa gloire est courte.

« Il est né dans le malheur.

« En l'an 1840, l'Enfant de l'exil lui succèdera ; la paix alors sera donnée à la France.

« Mais la fin des temps ne sera pas éloignée.

J'ai depuis long-temps entre les mains un manuscrit de Méditations et Colloques spirituels, mêlés de visions et révélations prophétiques. La personne qui m'a remis ce manuscrit m'a dit le tenir d'une sainte femme vivante en ce moment, et recevant

encore de temps à autre des communica-
tions de l'Esprit Saint. Les premières méditations sont de 1790, 98, 1807, 1808, 1810,
1811, 12, 13, 14. Elles parlent d'évènemens
qui se sont successivement vérifiés. Je vais
citer quelques-unes de celles qui leur sont
postérieures, et qui ont rapport aux évènemens prochains.

Méditation du 21 janvier 1815.

« Je me réjouissois du bonheur que l'Eglise
avoit de voir rentrer son Chef dans ses Etats, le
Clergé soutenu par un Roi très-chrétien. Je disois :
vous, Saint Louis ! vous, Louis XVI, roi martyr,
que nous invoquons aujourd'hui dans l'Eglise, et
qui contemplez des voûtes du ciel le bonheur que
nous goûtons, c'est à vos prières que nous sommes
redevables d'un si grand bienfait. Vous avez vu
couler nos larmes, vous les présentiez devant le
trône de Dieu, vous avez fléchi sa justice pour
rendre à nos vœux votre famille sainte et martyre,
qui nous a apporté avec elle le pardon de nos
fautes. Nous n'avions pas mérité de si grands bien-
faits, nous en demandons pardon à Dieu, et à vous
fils de Saint Louis, soyez notre interprète auprès
de ce Dieu trois fois saint, et veillez toujours sur
la France ; pour nous qui sommes pécheurs, nous

implorons aussi toute votre famille, afin qu'ils obtiennent notre régénération en Jésus-Christ.

« Après cette méditation, je m'assoupis, je vis Louis XVI qui étoit près de moi, il me fit voir une procession si grande que je ne pouvois en voir la fin ; les prêtres n'avoient point d'ornemens, ils étoient simplement en soutane; je vis tout-à-coup cette procession se partager, les uns portoient des branches d'olivier dans leurs mains, M. le comte d'Artois, son Fils, Madame, portoient aussi des branches d'olivier, ils étoient à la tête du cortége. Je demandai ce que signifioit cette procession. Il me dit que tous ceux qui portoient des rameaux étoient de vrais serviteurs de Jésus-Christ, et que les autres se retireroient, parce qu'ils avoient des systèmes tout différens; il me dit aussi : Quand mon frère sera Roi, il fera une grande faute concernant l'Eglise (1), il en subira la peine; mais Dieu lui dessillera les yeux dans sa miséricorde, quelque temps après. C'est pour cela qu'il suivra le Bon Pasteur; les autres feront de fausses démarches qui seront le résultat de leur aveuglement; mais avant que ces malheurs arrivent, on verra encore la France dans le deuil, avant qu'il soit trois mois, parce qu'ils n'auront pas compris les grâces que le Seigneur leur aura faites. »

---

(1) Voir ci-dessus la note, page 32.

Méditation de 1816.

« Un jour que le bon Dieu me faisoit voir toute la malice des hommes, je ne pouvois comprendre comment la corruption des habitans de la terre se dégrade à ce point de blasphémer contre Dieu et son Eglise. Je disois : Seigneur, comment pouvez-vous supporter tant d'outrages. O mon Dieu, que ces hommes sont malheureux, s'ils s'instruisoient, ils apprendroient que vous êtes miséricordieux envers les cœurs repentans. Mon Dieu, si vous vouliez faire un exemple des plus endurcis, peut-être que la crainte feroit rentrer les autres dans la bonne voie : car, Seigneur, il me semble qu'il seroit bien pénible qu'une si grande quantité d'âmes aille peupler les enfers. J'avois les yeux fixés sur un vieillard qui persécutoit un jeune homme pour commettre de grands crimes. Ce jeune homme hésitoit et jetoit un regard versatil ; le vieillard rioit de son irrésolution, il lui disoit qu'il n'avoit rien à craindre, parce que Dieu n'existoit pas ; il lui faisoit voir en même temps de l'or, et lui promettoit que s'il commettoit ce crime, toutes ses richesses lui appartiendroient. Le jeune homme ne pouvoit se convaincre et restoit toujours dans l'indécision, lorsqu'un autre jeune homme vint à paroître ; le vieillard lui tint le même langage qu'au premier, et celui-ci accepta toutes les conséquences. Je m'écriai : O mon Dieu ! ce crime va-t-il se consommer. Seigneur, perdrons-nous notre jeune prince, car c'étoit au petit-fils de Saint Louis que la rage de ce vieillard se portoit. J'étois au désespoir ; je pleurois, je priois pour que Dieu fléchît le cœur de ces barbares. J'entendis la voix de mon bien-aimé qui me dit : Ma fille, voilà les fruits des vices qui gouvernent une grande partie des hommes, leurs cœurs sont corrompus, l'avarice, l'envie, la luxure les dominent, je les ai abandonnés, ils commettront et consommeront le crime que je t'ai fait connoître, mais *il naîtra de ce prince un enfant qui sera doué de toutes les vertus, et qui sera selon mon cœur.* Il règnera lorsque j'aurai fait disparaître de dessus la surface de la terre ces impies, *il apportera avec lui le bonheur et la paix.* »

Méditation de 1825.

« J'invoquois Saint Denis, patron de la France, Sainte Geneviève, patrone de Paris, et tous les saints et saintes martyres de notre révolution, Saint Michel et tous les saints archanges. Je les priois d'intercéder pour la France. Je disois : Grands saints et grandes saintes qui voyez du haut du ciel tous les malheurs qui vont tomber sur notre chère patrie, intercédez pour nous, priez que Dieu éloigne ces fléaux qui vont ravager la surface de la terre ; et vous, Mère de mon Dieu, qui êtes la protectrice de la France, ne nous abandonnez pas auprès de votre cher fils, faites-nous la grâce qu'il éloigne ce calice d'amertume, et que l'aveuglement qui couvre la terre soit éclairci, il me fut dit : Il viendra ce temps qui n'est pas éloigné que toutes les puissances reconnoîtront l'autorité du Saint-Siége, et que je suis le Seigneur ; il faudra donc que les puissances soient sur le point d'être bouleversées, pour qu'elles reconnoissent les grands prodiges qui vont s'opérer. Tous les Souverains trembleront pour leur empire, ou par leurs maladies, ou par la malice des hommes. Lorsqu'on verra tous ces fléaux, on attendra une résurrection qui s'opérera dans les âmes, et c'est dans ce moment que le christianisme reprendra sa splendeur, et que l'impiété avant ce temps sera portée à son comble. Mais avant ce temps, on aura persécuté mes serviteurs à mon nom. Si je punis dans ma miséricorde, il faut m'en rendre des actions de grâces, je m'écriai : Vous êtes juste, Seigneur, que votre volonté s'accomplisse ; mais quand je vois tous ces fléaux que votre bonté me fait connoître, je ne puis m'empêcher de frémir à la vue de toutes ces âmes qui seront entraînées dans les abîmes éternels. O mon Dieu, il n'y a donc plus de moyen de salut pour eux, que deviendront-ils, que deviendrons-nous nous-mêmes à la vue de tant de calamités. Vous connoissez nos foiblesses, ô mon Dieu, soutenez-nous, préservez-nous dans ce moment de désastre, car dans ces momens malheureux, nous pourrions succomber. — Tu as raison, car il y en a beaucoup qui se croient forts et qui se laisseront entraîner au torrent. Mais il faut que ma justice s'exerce. Tu consulteras, lorsque ces temps arriveront, une personne que je t'indiquerai. Ce sera le second effort que l'on pourra faire dans ces momens. Heureux si l'on peut croire aux avertissemens que j'enverrai ! »

Méditation du 25 octobre 1830.

« Je trouve quelques passages de l'Ecriture Sainte qui disent : Détruisez la sagesse de la sagesse, et je rejetterai la science des savans ; que sont devenus les sages, que sont devenus ces esprits curieux des sciences de ce siècle? Dieu n'est-il pas convaincu de la folle sagesse de ce monde; ils sont inexcusables, parce qu'ayant connu Dieu, ils ne l'ont pas glorifié, mais ils se sont égarés dans leurs vains raisonnemens. Quel est donc votre aveuglement, insensés assez ingrats pour outrager votre bienfaiteur. Qui peut, ô mon Dieu, raconter les merveilles de la foi sans renoncer à l'erreur. L'erreur sort de ces cavernes sombres. Point de paix pour l'impie, ô victime salutaire qui nous ouvrez la porte du sanctuaire éternel, donnez-nous la force de vaincre, et venez à notre secours. Gloire vous soit rendue, ô mon Dieu, qui nous avez promis le petit-fils de Saint Louis, il mettra fin à tous nos maux. Il sera élevé en gloire par une seconde reine Blanche, qui lui inspirera toutes les vertus. Charles X, son aïeul, ce roi si vertueux, son oncle, son auguste tante, cet ange de souffrances qui vous est si agréable, ô mon Dieu! et qui aideront de leurs conseils le Fils de France. Vous dites, Seigneur, père et mère honoreras, afin que tu vives longuement. Il honorera ses chers parens afin de nous apprendre à honorer les nôtres; il vous adorera, afin de nous apprendre à vous adorer; il vous aimera pour nous apprendre à vous aimer. Que de grâces j'aperçois dans ce jeune cœur, qui possèdera toutes les vertus pour nous faire aimer la vertu. Ce prince doit tout réparer et être le sauveur de la France.

Réponse. « Il faut désirer, ma fille, qu'il soit doux et humble de cœur. Je lui donnerai toute puissance sur la terre. Il marchera à ma droite, jusqu'à ce que je réduise ses ennemis à le servir. Le sceptre qui lui sera donné sera pour la défense du trône et de l'autel. L'un ne peut se soutenir sans l'autre. Ses ennemis trembleront au jour de sa force, lorsqu'il paroîtra avec la puissance qu'il pourra exercer au jour de sa force. Le Seigneur l'a promis. Il ne rétractera pas sa parole. Il sera le *Roi Fort*, il marchera avec le *Pape Saint*. Il gagnera les nations, et les changera en de vrais adorateurs. Tous ceux qui font souffrir des maux à mes serviteurs seront chassés de mon sein. Ils seront regardés comme des insensés qui ont dit dans leurs cœurs : il n'y a pas de Dieu, ils se sont rendus abominables par leurs démarches, il n'y en a pas un seul qui fasse le bien...... J'aveuglerai ces ouvriers d'iniquités, ils ne sauront pas s'entendre, ils se révolteront les uns contre les autres. »

On cite aussi dans le *Tableau des Trois Epoques*, Paris, 1829, plusieurs visions d'une autre sainte Religieuse. Dans la première, en date du 6 janvier 1815, elle annonçoit les Cent-jours.

« Pendant que je priois, dit la Religieuse, pour le parfait rétablissement de la religion et de la légitimité en France, il me fut dit : *La France n'a pas reconnu le bienfait que je lui ai accordé en la délivrant de l'anarchie et de la tyrannie, au lieu de me témoigner sa reconnoissance, elle m'outrage ; je vais encore la châtier en permettant que le* Vautour de l'Europe *y rentre.* « Seigneur, m'écriai-je, tout est perdu, si Bonaparte rentre en France. Il me fut dit : *Il n'y restera pas long-temps : j'armerai l'Europe contre lui, la France sera cernée comme une ville qu'on assiége, et avant six mois, les Bourbons remonteront sur le trône de leurs pères. »*

Cette prédiction s'est accomplie à la lettre, comme tout le monde sait. La seconde regarde les évènemens futurs.

« Le dimanche d'avant la Toussaint 1816, je faisois mon oraison sur l'instabilité du cœur humain...... Je fus tout à coup frappée d'objets horribles..... Je vis des personnes de tous les états qui se livroient à des désordres affreux... Il me fut dit : *Tu vois les crimes qu'on commet, et qui retient mon bras vengeur?..., Je vais donc encore frapper la France pour le bonheur des uns et le malheur des autres.* Je vis dans ce moment un gros nuage qui étoit si noir que j'en fus épouvantée ; il couvrit toute la France, et dans ce nuage j'entendis des voix confuses qui crioient, les unes : *Vive la République!* les autres : *Vive Napoléon!* les autres : *Vive la Religion, et le Grand Monarque que Dieu nous garde!* Et en même temps il se donna un grand combat, mais si violent qu'on n'en avoit jamais vu un semblable; le sang coula comme quand la pluie tombe bien fort, surtout depuis le Midi jusqu'au Nord ; car l'Ouest me parut plus tranquille. Les méchans vouloient exterminer les ministres de la religion de Jésus-Christ et tous les amis de la légitimité. Ils en avoient fait périr un grand nombre, et crioient déjà victoire, lorsque tout à coup les bons furent ranimés par un secours d'en haut, et les méchans furent défaits et confondus..... Le temps de tous ces bouleversemens ne sera pas plus de trois mois, et celui de la grande crise où les bons triompheront, ne sera que d'un moment. Quand les méchans auront répandu une très-grande quantité de mauvais livres, ces évènemens seront proches. Aussitôt après qu'ils seront arrivés, tout rentrera dans l'ordre, et toutes les injustices, de quelque nature qu'elles soient, seront réparées, ce qui sera très-facile, la plupart des méchans ayant péri dans le grand combat ; et ceux qui auront survécu seront si effrayés du châtiment des autres, qu'ils ne pourront s'empêcher de reconnoître le doigt de Dieu, et d'admirer sa toute-puissance : plusieurs se convertiront ; la Religion fleurira ensuite de la manière la plus admirable. J'ai vu des choses si belles à cet égard, que je n'ai pas d'expressions pour les peindre.

Une nouvelle vision de la Religieuse, tout en confirmant la précédente, entre dans beaucoup plus de détails.

« Le jour des Rois 1820, je pris pour mon sujet d'oraison le bonheur de ceux qui suivent le flam-

beau de la foi, comme les Mages avoient suivi l'é-
toile, et le malheur de ceux qui vivent sans foi. Il
étoit quatre heures du matin ; je ne sais ce que
devint mon oraison, ni mes facultés naturelles, je
les perdis toutes. Je me trouvai transportée dans
un lieu si vaste, qu'il me parut renfermer tout
l'univers. Je vis pour la seconde fois ces deux
grands arbres dont je vous ai déjà parlé, mais ils
me parurent bien plus grands que la première
fois ; ils avoient des branches d'une étendue im-
mense, mais ces branches étoient penchées vers la
terre, et paroissoient demi-mortes. Cependant,
malgré leur peu de vigueur, ces arbres s'agitoient
d'une manière si rapide et si irrégulière, qu'ils
faisoient trembler ; ils paroissoient vouloir tout en-
vahir. J'entendis des voix nombreuses qui crioient
d'un ton horrible, et dans ce moment je me crus
demi-morte ; mais j'eus encore plus grande peur,
quand j'entendis bien distinctement, par trois fois,
les mêmes voix qui disoient : NOUS SOMMES VAIN-
QUEURS ! NOUS AVONS LA VICTOIRE ! Au moment où
les voix prononçoient ces paroles, tout d'un coup,
je vis que le ciel devint une profonde nuit ; je n'a-
vois jamais rien vu de si obscur. Cette obscurité
fut accompagnée d'un tonnerre, ou plutôt il me
sembloit que le tonnerre venoit à la fois des quatre
parties de la terre. Il m'est impossible de vous
peindre quelle fut ma frayeur ; le ciel devint tout

en feu, il lançoit de toutes parts des flèches en-flammées ; il se faisoit un bruit si terrible, qu'il paroissoit annoncer la ruine entière du monde. J'aperçus alors un gros nuage rouge couleur de sang de bœuf ; ce nuage reculoit de tous côtés et me donnoit bien de l'inquiétude ; ne sachant ce qu'il signifioit. Cependant j'aperçus une multitude d'hommes et de femmes qui avoient des figures à faire peur ; ils se livroient à toutes sortes de crimes ; ils vomissoient des blasphèmes horribles contre ce qu'il y a de plus sacré au ciel et sur la terre. J'en ressentis une si grande peine que je l'é-prouve encore en vous écrivant ceci ! Ce qui me surprit, ce fut de voir à la tête de ces malheureux quelques-uns de ceux qui, par leur état, doivent les porter au bien, et qui les poussoient au mal. Il y en a un que je ne nommerai point, qui subira le même sort que les autres, à cause de sa damnable philosophie ; le temps vous dira tout quand ces crimes seront connus et punis. Le tonnerre gron-doit toujours dans les airs d'une manière effrayante, lorsque j'entendis une voix qui me dit : Ne crains point, mon courroux tombera sur ceux qui ont al-lumé ma colère ; ils disparoîtront dans un moment. Tout l'univers sera étonné d'apprendre la destruc-tion de la plus belle, de la plus superbe ville ! je dis superbe par ses crimes, je l'ai en abomination ! Les deux arbres que tu vois, c'est elle qui les a enfantés ; leurs branches représentent toutes les nations qu'elle a empoisonnées par sa malheureuse philosophie qui répand partout l'impiété : c'est cette maudite Babylone qui s'est enivrée du sang de mes Saints. Elle veut encore le verser, et dans peu celui d'un Prince..... Elle mettra le comble à ces terribles forfaits, et moi, je lui ferai boire le vin de ma colère ; tous les maux tomberont à la fois sur elle et dans un seul instant. Je n'entendis plus la voix, mais un bruit effroyable ; le gros nuage se divisa en quatre parties, qui tombèrent à la fois sur la grande ville, et dans un instant elle fut toute en feu, les flammes qui la dévoroient s'élevèrent dans les airs, et de suite je ne vis plus rien, qu'une vaste terre noire comme du charbon.

« Après tout cela le ciel s'éclaircit, et d'une nuit affreuse je vis le plus beau jour que j'eusse jamais vu. Un doux printemps se faisoit sentir, et tout paroissoit dans l'ordre le plus parfait. Je vis des personnes de toutes qualités, qui étoient en si grand nombre, que c'étoient comme une fourmillière. Je n'ai jamais vu de figures si contentes ; elles avoient je ne sais quoi qui inspiroit la joie ; elles se tenoient toutes dans un profond respect, et un silence général régnoit, quand j'aperçus une grande place autour de laquelle toutes ces personnes me parurent réunies. Au milieu de cette place, je vis une tige semblable à une belle pyramide, dont la cime paroissoit s'élever jusqu'au ciel, il y avoit d'autres tiges tout autour de celle-là, de distances en distances, et comme par étages. Elles étoient toutes garnies de feuilles d'un vert velouté et d'un brillant admirable ; entre ces feuilles il y avoit des fleurs, les unes d'un rouge éclatant, les autres d'une blancheur nonpareille. Tout cela donnoit un coup-d'œil charmant. Sur la cime de la principale tige étoit un gros globe qui me parut d'un or très-pur, et une colombe blanche comme la neige voltigeoit dessus. J'admirois tout cela, lorsque j'entendis un chant si mélodieux qu'il me sembloit venir du ciel, et que j'en fus toute ravie. Au même instant, j'aperçus une nombreuse procession de tous les Ordres religieux et ecclésiastiques, c'est-à-dire des prêtres, des évêques, des archevêques, des cardinaux, enfin de tous les Ordres. De ce nombre deux surtout fixèrent mon attention ; ils avoient l'air tout rempli de l'amour de Dieu. Il y en avoit un dont je ne connoissois pas le costume ; l'autre étoit à côté de lui dans une posture respectueuse, c'est-à-dire à genoux. Dans ce moment je vis la colombe qui étoit sur la cime de la tige, venir se reposer sur la tête de celui dont le costume m'étoit inconnu (le Pape), lequel mit la main sur la tête de celui qui étoit à genoux (le Grand Monarque), et alors la colombe vint aussi se reposer sur la tête de celui-ci, puis retourna sur l'autre ; tout le clergé , chacun selon son rang , entouroit la personne sacrée du Pontife ; les principaux l'approchoient de plus près.

La tige en forme de pyramide présentoit quatre portes principales à ses quatre façades. Le chant continuoit toujours, il s'y mêloit des cris d'allégresse , mais sans confusion ; ils disoient : *Gloire à Dieu dans les cieux, et paix sur la terre ! Vive la Religion dans tous les cœurs ! Vive le Pape ! Vive le Grand Monarque, le soutien de la religion !*

Ensuite la procession s'avança vers les portes du Midi et du Couchant, et sortit par les portes du Levant et du Nord, continuant de faire entendre le chant le plus mélodieux. Dans cette multitude sans nombre, il y avoit des personnes de plusieurs royaumes, mais elles n'avoient toutes qu'un cœur, un même esprit et une même volonté.

Pleine d'admiration à ce spectacle ravissant, je m'écriai : Mon Dieu, quand viendront ces heureux jours ! J'entendis une voix qui me dit d'un ton plein de bonté : Console-toi, ils arriveront quand mes volontés seront accomplies !.... Je ne vis plus rien que ma chambre ; il étoit six heures.

Quand mes volontés seront accomplies ! voilà une belle parole de consolation. Dieu n'a point juré de nous faire surgir le *Monarque Fort, le Pontife Saint*, ni pour 1833, comme les attendent quelques personnes, ni pour 1840, comme paroît l'avoir dit l'Ange de Gallardon, le cultivateur Martin; mais seulement quand ses volontés seroient accomplies. Et certes, le plus tard vaut le mieux, puisque ces *heureux jours* n'arriveront qu'après l'accomplissement des malheurs prédits, les guerres civiles et étrangères, les persécutions contre l'Eglise, et la famine.

L'auteur des *Vertus de Louis XVI*, avoit aussi annoncé, qu'ainsi que l'ouverture du second sceau amena la révolution, la guerre et Bonaparte, l'ouverture du troisième enfanteroit le règne du cavalier monté sur un cheval noir, et tenant une balance, avec ce cri de malheur : *Le litron de blé vaudra une drachme, et trois litrons d'orge une drachme,* fléau qui ne devoit finir qu'à la canonisation de Louis XVI, et à son intercession (1). On ne peut nier que nous ne soyons

______

(1) « Qu'est-il écrit encore ? prononce l'Éternel : *Malheur! malheur! malheur!* reprennent les Anges, *le litron de blé vaudra une drachme, et trois litrons d'orge une drachme.* Voilà ce que prononce

sous le règne de la balance, qui a toujours été l'attribut de l'anarchie ou, si l'on veut,

---

celui qui tient une balance, et qui est monté sur le cheval noir. Juste envers les hommes, on refuse de l'être envers Dieu. Qu'est-il besoin d'autel? qu'est-il besoin de sacrifices? disent-ils dans leur orgueil: soyons humains et charitables, c'est toute la loi de Jésus-Christ. Vos prêtres, Seigneur, mendient leur pain. Quel coin de l'Europe veut bien encore reconnoître votre Vicaire? Mais vous allez frapper ces ingrats. Que diront-ils à leur lever, à la vue de ces champs qu'ils admiroient la veille dans la joie et dans le blasphème? Qu'est devenue cette récolte de si belle apparence? Une seule nuit a tout perdu. Qui nourrira ces peuples et ces enfans à la mamelle? L'inquiétude a tari le sein des mères, et ce que gagnent les hommes dans leur journée ne peut suffire à leur procurer une nourriture qui les conduise jusqu'au lendemain. Seigneur, serez-vous sourd aux cris de leur désespoir? Je n'ai rien entendu, dit le Saint des Saints, le repentir n'a pas touché leur cœur; ils ne se sont pas prosternés devant mes prêtres, ils n'y ont pas déposé leurs péchés. Qu'on se couvre de cilices et de cendres, qu'on s'humilie selon les lois de mon Église; que le peu que l'on possède me soit présenté pour offrande, et je rendrai tout au centuple; que le sort de mes Ministres soit assuré en raison du produit des récoltes, et je répandrai mes bénédictions sur les champs. Me

du gouvernement populaire; on ne peut nier même que cette menace n'ait une es-

***

sera-t-il donc plus difficile de les féconder de mes rayons ardens à la chute des feuilles, que de les frapper de glace au moment de la moisson?

« Grâce! grâce! répètent de tous côtés les échos des Cieux. Seigneur, ne détournez plus vos regards, ayez pitié de vos enfans; la douleur les a rendus muets. Quel effrayant silence! Tout est-il mort? tout est-il anéanti sur la terre? Mon peuple revient à moi, dit le Très-Haut; il a reconnu que je l'ai frappé justement, et il se résigne. Il se tait; mais j'ai entendu tomber ses larmes. Que les Anges se réjouissent : ma féconde rosée va tout bénir et tout réparer!

« Gloire à Dieu au plus haut des cieux! répètent les Anges; les douleurs sont oubliées, l'espérance a séché les pleurs, l'hiver efface les maux de l'été, tout renaît dans le bonheur et dans l'abondance; la charité embrase tous les cœurs; les vierges ne sont plus sensibles qu'à votre amour, ô Très-Haut! les jeunes femmes oublient les vanités du monde, et trouvent leur plaisir dans l'exercice de votre loi. Ceux qui se faisoient servir, sont les premiers à prodiguer leurs soins aux malades les plus rebutans. La terre se couvre de cellules de Saints et de Pénitens qui pleurent le martyre de leur roi. Vos temples ne peuvent plus contenir le nombre de ceux qui vous adorent. Des couvens s'élèvent de tous côtés, où les riches du siècle viennent consa-

pèce d'accomplissement, car la misère vaut la famine; et cette menace est peut-être une figure qui ne doit pas s'entendre à la lettre. Mais dans toutes ces Prédictions, il est parlé de nouvelles persécutions contre l'Eglise comme devant précéder l'avènement du Monarque Fort et du Pontife Saint, persécutions qui allumeront la colère divine, et mériteront la destruction de la grande ville. La disposition générale des esprits peut nous faire craindre d'être entraînés dans cet abîme. D'un autre côté, Dieu est bon, pa-

---

crer leurs jours à la gloire de votre nom. Quelle touchante harmonie rivalise avec la musique des cieux! Les accens les plus purs, les voix les plus mélodieuses célèbrent vos louanges, ô Seigneur! Les plus grands talens se vouent à votre service pour chanter vos hymnes, et les accompagner de leurs instrumens harmonieux. Les concerts de vos églises électrisent tous les cœurs, et d'échos en échos l'on entend répéter ce chant d'amour : *Gloire à Dieu au plus haut des cieux! Le Seigneur a regardé la terre d'un regard paternel, et a daigné la bénir en faveur de son nouveau Saint,* LOUIS-AUGUSTE DE FRANCE. (*Vertus, Esprit et Grandeur du bon Roi Louis XVI,* dédié à Monseigneur le duc d'Angoulême, par DEMONVILLE. — Paris, 1816.)

tient, et plein de miséricorde ; et tant que le septième Ange n'aura pas sonné de la trompette, les Prophéties peuvent retourner en arrière (1) ; il aimera mieux consoler ses Prophètes intérieurement, et les tenir dans l'humiliation, que de justifier leurs menaces, et de punir avant le temps.

Le prince de Hohenlohe a, dit-on, prédit que « Paris, Genève, Lyon et quatre autres villes plus petites seroient détruites, et que cela arriveroit bientôt ; que Paris ne seroît jamais rebâti, et que cette ville deviendroit un désert rempli de précipices ; *que cette époque peut être retardée* par les prières des âmes pieuses en faveur des pécheurs dont un grand nombre se convertira au moment du châtiment, et ce nombre sera d'autant plus considérable qu'on aura fait davantage de prières et de bonnes œuvres pour obtenir leur retour à Dieu. Notre Seigneur lui disoit qu'il lui faisoit connoître ces choses, afin qu'on engageât les âmes fidèles à redoubler leurs gémissemens et

---

(1) Voyez page 2, et l'Apocalypse avec Explications nouvelles, par Demonville, page xxij.

leurs prières pour la conversion des pécheurs, dont le nombre est incompréhen-
sible dans ce malheureux siècle. »

Cet accord des diverses prédictions à nous
menacer de misères, de persécutions contre
l'Eglise, de destruction de grandes villes
doit nous jeter dans une salutaire épou-
vante, quand on voit que le Monarque Fort
et le Pontife Saint qui les suivent sont déjà
tout prêts.

Suivant Saint Malachie (1), le Pape qui

---

(1) Voici la prophétie de Saint Malachie sur la suc-
cession des Papes. Je ne la prends qu'après Sa Sainteté actuelle, désignée par la devise : *De Balneis
Etruriæ,* des Bains de Toscane.

1. *Crux de cruce.*
2. *Lumen de Cœlo.*
3. *Ignis ardens.*
4. *Religio depopulata.*
5. *Fides intrepida.*
6. *Pastor angelicus.*
7. *Pastor et nauta.*
8. *Flos florum.*
9. *De medietate lunæ.*
10. *De labore solis.*
11. *De gloriâ olivæ.*

In persecutione extremâ romanæ ecclesiæ, se-

doit siéger après S. S. Grégoire XVI a pour emblême : *Crux de cruce*, Croix de la croix, et paroît ainsi devoir être le Pasteur qui souffrira persécution avec l'Eglise, de même que son successeur, *Lumen de cœlo* ou *in cœlo*, Lumière venant du ciel ou dans le le ciel, semble devoir être le Pontife Saint couronné par les Anges. Mais ce n'est peut-être pas arrêté irrévocablement; prions, et le Monarque Fort, l'*Auxilium Dei*, le Secours de Dieu, qui se dessine déjà si admirablement, se trouvera heureux, son cœur et la bonté inhérente à son auguste souche nous en donnent l'assurance, de rentrer paisiblement dans son noble héritage, plutôt que de le reconquérir et de l'augmenter avec gloire par une désolation générale.

---

debit Petrus romanus, qui pascet oves in multis tribulationibus, quibus transactis, civitas septicolis diruetur, et judex tremendus judicabit populum.